por Daniel Sozzo

Cozinha Trivial

Receitas práticas e fáceis do dia a dia para iniciantes

São Paulo

Cook♥Lovers

2015

É engraçado como meus amigos sempre ficam com medo de me convidar para jantar na casa deles, acham que comida de chef é diferente. E eu? Gosto mesmo é do trivial feito com sabor, de forma simples, para termos tempo de conversar em volta da mesa. De preferência rodeada de pessoas que amamos.

A forma como o Daniel lida com a gastronomia é encantadora, objetiva e divertida como a vida deve ser. Suas receitas são a base para entrar com o pé direito na cozinha e servir comidas gostosas e descomplicadas. É o começo de tudo, os primeiros degraus de uma escada de sabores na qual todos são importantes para continuarmos subindo no conhecimento, aprendendo. Esse aprendizado nunca se esgota e isso é mágico na gastronomia, sempre temos algo mais a conhecer, um novo tempero, uma nova forma de fazer a mesma receita. É engrandecedor.

Daí, caro leitor, em breve, você estará criando e recriando, usando essas receitas como base. Sem falar que cozinhar em casa é alimentar a alma, o corpo, revigorar a energia. Some-se a isso a economia que se faz e a possibilidade de juntar os amigos.

  É delicioso ver essa nova geração ligada em assuntos da gastronomia, dos mercados à beira do fogão, do preparo dos pratos à arte de encantar pessoas servindo uma boa e bela mesa. Fiquei feliz quando fui convidada a abrir a leitura deste delicioso livro. Na hora me vieram lembranças da minha descoberta na arte de servir há vinte e cinco anos... quando comecei lavando louça. (Mulher estrangeira na França, sem formação, dinheiro, sem falar o idioma... mas cheia de coragem, curiosidade e garra para enfrentar o preconceito e pré-conceitos e me jogar na gastronomia com toda paixão!), era uma época em que não existia Apple, Facebook, WhatsApp ou outros zilhões de tecnologias, aplicativos e redes sociais que vemos hoje. A comunicação a distância era romântica, feita via correio, tinha que pedir linha para falar com o Brasil. O bacana era a comida internacional e chique, a *nouvelle cuisine*, da qual saíamos com fome. Os donos dos restaurantes tinham uma postura de senhor de engenho. E hoje tudo é mais colaborativo.

  Que este livro possa ser um bom início de uma linda história de amor com a cozinha, assim como eu também me apaixonei pela gastronomia.

Daniela Dahoui

SUMÁRIO

UTENSÍLIOS 6
ESTROGONOFE 8
FEIJÃO 10
OMELETE 12
HAMBÚRGUER 14
ARROZ 16
BATATA FRITA 18
BIFE 20
FAROFA 22
MOLHO BRANCO 24
VINAGRETE 26
PÃO DE QUEIJO 28
COXINHA DE FRANGO 30
CREME DE MILHO 32
MAIONESE CASEIRA 34
PURÊ DE BATATA 36
CAIPIRINHA 38
PUDIM DE LEITE 40

BRIGADEIRO DE CHOCOLATE 42
MOUSSE DE CHOCOLATE 44
FRANGO ASSADO 46
MOLHO DE TOMATE 48
QUINDIM 50
MOLHO DE HORTELÃ 52
MOLHO MOSTARDA 54
OVO POCHÉ 56
CARNE LOUCA 58
BOLINHO DE ARROZ 60
BOLO DE CENOURA 62
BOLINHO DE CHUVA 64
BOLO DE FUBÁ 66
FEIJOADA LIGHT 68
POLENTA CREMOSA 70
QUIBE FRITO 72
BLOODY BRASIL 74
DRINK DO VOVÔ 76

UTENSÍLIOS

① Copo medidor
Ideal para medir os mililitros das receitas e não perder o padrão, eles podem ser encontrados em copos de vidro ou plástico, mas o de vidro dura mais.

② Colheres medidoras
São colheres com medidas preestabelecidas que vão desde uma colher de café até uma xícara de chá. Usando essas colheres você evita que caia mais ou menos gramas nas receitas, fazendo com que elas sempre saiam as mesmas.

③ Faca para legumes
Com seu tamanho pequeno, ela é ideal para cortes mais delicados, mas sempre tome cuidado, pois esses cortes geralmente são próximos às mãos e você pode acabar se cortando.

④ Descascador de legumes
Existem vários modelos e todos funcionam muito bem, mas vale a pena olhar qual se adapta mais ao seu jeito de segurar os alimentos.

⑤ Amolador (chaira)
Tem a função de manter o fio da faca, evitando que ela comece a perder o corte. Boa parte dos acidentes de cozinha acontece devido a uma faca mal amolada. Recomenda-se passar a faca logo após o uso diário, sempre de ponta a ponta no ferro e dos dois lados.

Faca do chef
O utensílio mais importante para manipular os alimentos, pois sem uma faca boa não tem como fazer um bom prato! Por isso, esfregue-a sempre no amolador e guarde longe de outros objetos, assim você aumenta a sua vida útil.

Batedor (fouet)
Ideal para bater molhos, claras e misturar ingredientes com mais uniformidade. Evite usar os de plástico ou silicone, pois além de não terem muita resistência, com o tempo eles começam a se desfazer.

Espátula de silicone
São melhores do que as de pau, pois não se contaminam com o tempo e nem soltam fiapos na comida. O silicone também aguenta altas temperaturas e tem uma vida útil muito maior.

Ralador
Existem em vários modelos e todos são ótimos, são perfeitos para trabalhos mais rápidos como ralar uma cenoura ou até mesmo retirar aquelas tão desejadas raspinhas de limão.

Peneira de ferro
Evite usar a de plástico, que além de não resistir a altas temperaturas, com o tempo começa a "pegar" as cores dos alimentos e "passar" sabores não desejados.

ESTROGONOFE

Tempo de preparo: 20 minutos
Rendimento: 2 porções

- 200 g de filé mignon
- Sal e pimenta-do-reino a gosto
- 1 colher (sopa) de azeite
- 1 cebola picada
- 1 colher (sopa) de conhaque
- 1 colher (sopa) de mostarda
- 2 colheres (sopa) de ketchup
- 1 colher (sopa) de molho inglês
- 250 ml de creme de leite fresco
- 100 g de champignon (opcional)

Corte o filé mignon em tiras e tempere com sal e pimenta.
Deixe uma panela aquecendo por 3 minutos, coloque o azeite e acrescente a carne.
Quando a carne começar a dourar, acrescente a cebola e deixe cozinhar por 2 minutos.
Adicione o conhaque e flambe.
Coloque a mostarda, o ketchup, o molho inglês e misture bem.
Junte o creme de leite fresco e deixe reduzir por 5 minutos.
Acrescente o champignon, tempere com sal e pimenta e sirva.

DICAS

1. Quando for selar a carne, deixe a panela bem quente, assim você mantém o suco da carne, aumentando o sabor e a maciez.
2. Para evitar acidentes, sempre que for flambar, desligue o fogo, acrescente a bebida e ligue novamente.

FEIJÃO

Tempo de preparo: 3 horas e 40 minutos
Rendimento: 6 porções

- 500 g de feijão carioca
- 20 ml de óleo
- 2 colheres (sopa) de alho picado
- 3 colheres (sopa) de cebola picada
- Sal e pimenta-do-reino a gosto

Coloque o feijão de molho por 3 horas.
Escorra o feijão e coloque em uma panela de pressão com água.
Deixe cozinhando por 30 minutos, após pegar pressão.
Em uma panela, coloque o óleo e o alho. Refogue e acrescente a cebola.
Adicione o feijão cozido e deixe apurando por 5 minutos.
Tempere com sal e pimenta e sirva.

DICAS
1. Siga a regra de uma porção de feijão para 3 de água.
2. Coloque o alho enquanto o óleo ainda estiver frio, assim você evita queimá-lo.
3. Para congelar o feijão, coloque-o em potes, antes de temperá-lo, e leve ao freezer. Na hora de preparar, descongele o feijão e siga a receita a partir do tempero.

OMELETE

Tempo de preparo: 10 minutos
Rendimento: 1 porção

- 3 ovos
- 3 colheres (sopa) de leite
- Sal e pimenta-do-reino a gosto
- Parmesão ou muçarela ralados

Quebre os ovos em um recipiente, acrescente o leite e misture até ficar homogêneo. Tempere com sal e pimenta.
Coloque a mistura em uma frigideira antiaderente ainda fria.
Ligue o fogo e deixe em temperatura média.
Após 3 minutos, acrescente o queijo e dobre ao meio.
Deixe cozinhar por mais 1 minuto de cada lado e sirva.

DICAS
1. Para cada ovo, coloque uma colher (sopa) de leite.
2. Faça a omelete sempre em fogo baixo, assim ela não fica seca.
3. Se quiser, incremente sua omelete com presunto, tomate e orégano.

HAMBÚRGUER

Tempo de preparo: 10 minutos
Rendimento: 6 porções

- 1 kg de acém moído
- Sal e pimenta-do-reino a gosto
- Óleo para fritar

Divida o acém em seis partes iguais. Amasse cada parte na palma da mão até ficar bem firme e molde num formato de hambúrguer. Tempere com sal e pimenta.
Coloque em uma frigideira bem quente e frite os hambúrgueres no óleo por 3 minutos. Vire os hambúrgueres e deixe mais 3 minutos.

DICAS
1. Alcatra e picanha também são ótimos substitutos para o acém.
2. Se preferir, após virar o hambúrguer, acrescente queijo por cima, coloque um pouco de água e tampe. A água serve para acelerar o processo de derretimento do queijo.
3. Sirva o hambúrguer com pão, bacon e salada.

ARROZ

Tempo de preparo: 20 minutos
Rendimento: 4 porções

- 2 xícaras (chá) de água
- 2 colheres (sopa) de cebola
- 1 dente de alho
- 1 colher (sopa) de óleo
- 1 xícara (chá) de arroz tipo 1
- Sal a gosto

Coloque a água para ferver.
Corte a cebola e o alho em cubos pequenos.
Coloque o óleo na panela e refogue a cebola.
Acrescente o alho e refogue mais um pouco.
Adicione o arroz e mexa.
Tempere com sal, coloque a água quente e tampe.
Quando estiver seco, desligue o fogo e deixe descansar por 5 minutos.

DICAS
1. Use 1 porção de arroz para 2 porções de água.
2. Quanto mais bem refogado, mais solto ficará seu arroz.
3. Assim que a água baixar e o grão aparecer, abaixe o fogo e deixe por mais 2 minutos.
4. Depois de cozinhar as batatas, estoque-as no freezer e frite conforme a necessidade.

BATATA FRITA

Tempo de preparo: 40 minutos
Rendimento: 4 porções

- 1 kg de batatas Asterix
- 1 litro de óleo
- Sal e pimenta-do-reino a gosto
- Vinagre de maçã

Descasque as batatas e coloque-as em um recipiente com água.
Corte as batatas em palitos com 1 cm de espessura.
Coloque as batatas para cozinhar em água fervente por 5 minutos.
Escorra e passe-as para uma travessa e leve ao freezer por cerca de 30 minutos.
Depois do freezer, frite as batatas em óleo bem quente.
Após a fritura, escorra em papel toalha.
Tempere com sal, pimenta e vinagre de maçã borrifado.

DICAS
1. Use sempre a batata Asterix para fritura.
2. Para saber se o óleo está quente, coloque um fósforo dentro da panela e espere acender.
3. Borrife o vinagre de maçã para realçar o sabor e o aroma.

BIFE

Tempo de preparo: 15 minutos
Rendimento: 1 porção

- 300 g de contrafilé limpo cortado em bife
- Sal e pimenta-do-reino a gosto
- 1 colher (sopa) de azeite
- 1 colher (sopa) de manteiga

Deixe a carne descansando na tábua fora da geladeira por 5 minutos.
Tempere com sal e pimenta.
Coloque uma frigideira para esquentar com o azeite e espere ficar bem quente.
Coloque o bife para fritar e espere 2 minutos.
Vire e acrescente a manteiga.
Com uma colher, vá regando a carne com o caldo.
Retire a carne e deixe descansando em cima da tábua por 2 minutos.
Corte em tiras e sirva.

DICAS

1. Escolha um bife alto com cerca de 2 dedos de espessura.
2. Se a carne estiver gelada, o tempo de preparo fica maior.
3. Incline a panela para deixar a gordura da carne no ponto ideal.
4. Para um bife bem passado, escolha um bife com 1 dedo de espessura.

FAROFA

Tempo de preparo: 25 minutos
Rendimento: 10 porções

- 2 colheres (sopa) de manteiga
- 2 colheres (sopa) de óleo
- 2 cebolas picadas em tiras
- 500 g de farinha de mandioca
- Sal e pimenta-do-reino a gosto

Em uma panela coloque a manteiga e o óleo.
Coloque as cebolas e frite até ficarem caramelizadas.
Acrescente a farinha de mandioca e mexa por 2 minutos.
Tempere com sal e pimenta.
Desligue o fogo e passe a farofa para um recipiente.

DICAS
1. Para ter uma farofa crocante, deixe-a esfriando por 1 hora em um refratário descoberto.
2. Deixe a cebola caramelizar bem para deixá-la mais saborosa.
3. Esta receita é de uma base de farofa, se quiser, você pode adicionar banana, salsa, bacon frito ou qualquer outro ingrediente para dar sabor.

MOLHO BRANCO

Tempo de preparo: 30 minutos
Rendimento: 6 porções

- 2 colheres (sopa) de manteiga
- 3 colheres (sopa) de farinha de trigo
- 1 litro de leite
- 1/2 cebola em cubos grandes
- 3 cravos
- 1 folha de louro
- sal e noz-moscada a gosto

Em uma panela alta coloque a manteiga e a farinha. Em fogo baixo, mexa bem até ficar homogêneo.
Acrescente o leite, a cebola, os cravos e a folha de louro.
Mexa bem até engrossar.
Tempere com sal e noz-moscada.
Com a ajuda de uma peneira, passe o molho para um recipiente.

DICAS
1. Mexa sempre para evitar que talhe.
2. Caso você reserve o molho, coloque um filme PVC encostando nele por cima, para evitar que forme uma película.
3. Para realçar o sabor, finalize com um pouco de pimenta-do-reino por cima.

VINAGRETE

Tempo de preparo: 5 minutos
Rendimento: 10 porções

- 1 cebola roxa picada
- 1 tomate picado
- 1 colher (sopa) de salsa picada
- suco de 1/2 limão
- 1/2 xícara (chá) de azeite
- Sal e pimenta-do-reino a gosto

Em um recipiente coloque a cebola, o tomate e a salsa.
Esprema o limão sobre o vinagrete e mexa.
Acrescente o azeite e tempere com sal e pimenta.

DICAS
1. Se preferir, ao invés do limão, use o vinagre.
2. Use sempre cebola roxa para o vinagrete não ficar muito ácido.
3. Use sempre a proporção de 1 tomate para 1 cebola.
4. O sal tira toda a acidez do limão, deixando o vinagrete mais saboroso.

PÃO DE QUEIJO

Rendimento: 15 unidades pequenas
Tempo de preparo: 1 hora

- 1/2 xícara (chá) de leite integral
- 2 colheres (sopa) de manteiga
- 1 colher (café) de sal
- 1 e 1/3 de xícara (chá) de polvilho azedo
- 1 ovo
- 2 xícaras (chá) de queijo meia cura ralado fino

Ferva o leite com a manteiga e o sal e despeje sobre o polvilho, escaldando-o.
Misture e espere amornar.
Acrescente o ovo e sove até obter uma massa homogênea.
Junte o queijo ralado e misture bem até soltar da mão.
Faça bolinhas do tamanho desejado.
Descanse a massa por pelo menos 30 minutos.
Assar em forno preaquecido a 180 °C até dourar (15 a 20 minutos).

DICAS

1. Caso queira, coloque ervas secas como orégano ou alecrim para dar um toque especial.
2. Guarde as bolinhas de pão de queijo no freezer e asse quando quiser.
3. Quando congelado, o pão de queijo leva mais tempo para assar.

COXINHA DE FRANGO

Tempo de preparo: 2 horas
Rendimento: 15 unidades pequenas

Massa
- 2 xícaras (chá) de água • 1 xícara (chá) de leite integral • 2 colheres (sopa) de manteiga • 2 xícaras (chá) de farinha de trigo • 2 colheres (café) de sal • 3 ovos • 2 xícaras (chá) de farinha de rosca • Óleo para fritar

Recheio
- 1 colher (sopa) de manteiga • 1 colher (sopa) de alho picado • 500 g de peito de frango cozido e desfiado • 1 colher (café) de pimenta dedo-de-moça picada • 2 colheres (sopa) de salsa picada • Sal a gosto

Massa

Em uma panela, coloque a água, o leite e a manteiga.
Deixe aquecendo até ferver, retire do fogo e despeje a farinha de uma só vez nessa mistura. Mexa até ficar homogêneo.
Adicione o sal e volte ao fogo baixo, mexendo até que comece a desprender do fundo da panela (cerca de 10 minutos).
Desligue e deixe a massa descansando por, pelo menos, 10 minutos.

Recheio

Em uma panela adicione a manteiga e frite levemente o alho.
Antes de o alho dourar, coloque o frango já desfiado e frite por mais 2 minutos.
Retire do fogo e adicione a pimenta dedo-de-moça e a salsa.
Acerte o sal e espere esfriar para poder rechear as coxinhas.
Em uma vasilha, bata levemente os 3 ovos e em outra deixe a farinha de rosca.
Pegue um pouco da massa e abra na palma da mão e com ajuda de uma colher coloque o recheio. Feche ela no formato de uma coxinha, passe no ovo e empane na farinha de rosca.
Frite em óleo quente.

DICAS

1. Se quiser, pode adicionar requeijão ou catupiry no recheio, pra ele fique mais cremoso.
2. Unte a mão com um pouco de manteiga na hora de moldar as coxinhas, assim a massa não gruda.

CREME DE MILHO

Rendimento: 6 porções
Tempo de preparo: 1 hora

- 6 espigas de milho verde
- 2 xícaras (chá) de leite
- 1 colher (café) de amido de milho
- 1 colher (café) de amido de milho
- 1 pitada de noz-moscada
- Sal e pimenta-do-reino a gosto
- 1/2 xícara (chá) de queijo parmesão ralado

Pegue as espigas e, com uma faca, retire todos os grãos, deixando apenas o sabugo. Em uma panela ainda fria, adicione o milho e o leite.
Deixe ferver até que o grão fique macio (caso seja necessário, vá adicionando mais leite).
Quando estiver quase pronto, separadamente, coloque um pouco do leite em um copo e dissolva todo o amido. Quando estiver dissolvido, adicione na mistura.
Coloque metade do milho no liquidificador e bata até ficar cremoso. Volte para a panela com o restante do milho e misture.
Tempere com um pouco de noz-moscada, sal e pimenta. Desligue e misture o queijo parmesão.

DICAS
1. Para retirar os grãos do milho, utilize uma forma de pudim. Com ela você coloca a espiga no centro, passa a faca do topo ao fim e os grãos caem na forma.

MAIONESE CASEIRA

Rendimento: 8 porções
Tempo de preparo: 15 minutos

- 2 gemas
- 1 colher (sopa) de mostarda
- Sal e pimenta-do-reino a gosto
- 300 ml de óleo de canola
- 1 colher (chá) de vinagre de vinho branco

Em uma tigela alta, adicione as gemas, a mostarda, sal e pimenta.
Com a ajuda de um fouet, misture tudo e vá adicionando o óleo, lentamente, sem parar de bater.
Aos poucos, a mistura vai obtendo uma aparência cremosa.
Assim que o óleo acabar e a mistura estiver firme, adicione o vinagre e misture mais um pouco.
Mantenha a maionese na geladeira e consuma no mesmo dia.

DICAS

1. A maionese deve sempre ser feita com ovos frescos e de boa procedência, assim você não corre o risco de salmonela.
2. Evite consumir a maionese após 24 horas da preparação.
3. Para deixar a tigela inclinada e facilitar a ação, dobre um pano e deixe em baixo.
4. Dependendo do tamanho da gema, você pode utilizar mais ou menos óleo.

PURÊ DE BATATA

Rendimento: 6 porções
Tempo de preparo: 1 hora

- 1 kg de batata com casca
- 2 colheres (sopa) de manteiga
- 1/2 xícara (chá) de leite
- 1/2 xícara (chá) de creme de leite fresco
- Sal, noz-moscada e pimenta-do-reino branca a gosto

Em uma panela alta, coloque as batatas em água ainda fria e leve ao fogo.
Cozinhe até que estejam macias, escorra e retire sua casca.
Passe as batatas em uma peneira fina duas vezes, assim o seu purê fica mais aerado.
Em uma panela coloque a manteiga, o leite e o creme de leite para derreter.
Assim que estiver homogêneo, desligue e reserve.
Leve uma panela em fogo baixo com a batata peneirada e adicione a mistura de leite em três partes, durante 15 minutos.
Retire do fogo, acerte os temperos e sirva.

DICAS

1. Utilize batatas do tipo Monalisa ou Ágata, pois elas proporcionam um purê mais cremoso.
2. Para saber se sua batata está totalmente cozida, coloque uma faca até o meio, se a faca grudar ainda está crua.
3. A batata é rica em amido e é ele que faz o purê ficar cremoso. Para estimular o amido, mexa bastante na hora de juntar a mistura de leite.

CAIPIRINHA

Tempo de preparo: 5 minutos
Rendimento: 1 porção

- 1 limão
- 1 colher (sopa) de açúcar
- Bastante gelo
- Cachaça

Corte o limão ao meio e depois corte em tiras.
Coloque em um copo não muito alto, acrescente o açúcar e com a ajuda de um pilão aperte o limão devagar.
Complete o copo com gelo e acrescente a cachaça.
Pegue um misturador e misture bem.

DICAS
1. O que dá o amargor na caipirinha é o centro do limão. Tire esse fiapo branco e corte.
2. Sempre coloque o açúcar depois da fruta para ajudar a não rasgar a casca do limão e passar o amargor para a caipirinha.
3. Mexa sempre de baixo para cima.
4. Você pode fazer caipirinhas de outros sabores como morango, maracujá, abacaxi, kiwi.

PUDIM DE LEITE

Tempo de preparo: 4 horas
Rendimento: 8 porções

Calda
- 1 xícara (chá) de açúcar
- 1/2 xícara (chá) de água

Pudim
- 3 ovos
- 2 gemas
- 2 latas de leite condensado
- 1 medida da lata de leite

Calda
Coloque o açúcar em uma panela em fogo baixo. Espere o açúcar derreter completamente e adicione a água. Ferva até formar uma calda.
Coloque o caramelo na forma e deixe esfriar.

Pudim
Em uma batedeira bata os ovos e as gemas até a mistura ficar bem espumosa.
Fora da batedeira adicione o leite condensado e o leite. Misture bem.
Coloque em uma forma de pudim e leve ao forno médio em banho-maria por 1 hora.
Espere esfriar por pelo menos 3 horas e desenforme.

DICAS
1. A proporção da calda é sempre de 2 porções de açúcar para 1 de água.
2. Utilize a mesma lata do leite condensado para medir o leite.
3. Fazer o pudim na batedeira cria menos bolhas do que no liquidificador.

BRIGADEIRO DE CHOCOLATE

Tempo de preparo: 1 hora e 20 minutos
Rendimento: 25 unidades

- 1 lata de leite condensado
- 2 colheres (sopa) de cacau em pó
- 1 colher (sopa) de manteiga
- 1/2 xícara (chá) de chocolate amargo picado
- Granulado para confeitar

Em uma panela, misture o leite condensado, o cacau e a manteiga até ficar homogêneo. Leve ao fogo médio, mexendo sempre, até o brigadeiro soltar do fundo da panela e adquirir consistência cremosa.
Retire do fogo, adicione o chocolate e mexa até derreter por completo.
Despeje o brigadeiro em um recipiente untado com manteiga.
Deixe esfriar por 30 minutos. Com o auxílio de uma colher de chá, retire porções do brigadeiro e enrole em formato de bolinhas com as mãos untadas de manteiga.
Passe os brigadeiros no granulado e disponha-os dentro das forminhas.

DICAS

1. Para saber se o seu brigadeiro está soltando do fundo, incline a panela e veja se ele vem como um todo.
2. Caso não goste de untar as mãos com manteiga, use água que terá o mesmo resultado.

MOUSSE DE CHOCOLATE

Rendimento: 6 porções
Tempo de Preparo: 3 horas e 30 minutos

- 1 tablete de chocolate meio amargo picado (170 g)
- 1 tablete de chocolate ao leite picado (170 g)
- 1 lata de creme de leite sem soro
- 3 claras
- 1 colher (sopa) de açúcar
- Frutas vermelhas para decorar

Em banho-maria, derreta os chocolates junto ao creme de leite e mexa até ficar homogêneo. Reserve.
Em uma batedeira, junte as claras, o açúcar e bata até ficar em neve.
Em seguida, misture as claras em duas etapas ao creme de chocolate, mexendo sempre lentamente.
Coloque em taças e leve à geladeira por cerca de 3 horas.
Na hora de servir, decore com frutas vermelhas.

DICAS
1. Para diminuir o gosto de ovo, coloque algumas gotas de limão no momento de fazer as claras em neve.
2. Quando for juntar as claras ao chocolate, misture devagar, assim você mantém a sua musse aerada.

FRANGO ASSADO

Rendimento: 6 porções
Tempo de preparo: 4 horas

- 1 frango inteiro limpo
- 1 maço de tomilho
- 1 limão-siciliano
- 1 tablete de manteiga com sal (200 g)
- 1 kg de minibatatas
- Sal e pimenta-do-reino a gosto

Separe o frango e abra bem as suas juntas.
Coloque uma parte do tomilho dentro e o tampe com o limão.
Separe metade da manteiga e espalhe por cima da pele.
Em uma assadeira, espalhe as batatas, coloque o frango e o restante dos ramos de tomilho por cima e tempere tudo com sal.
Cubra com papel-alumínio e asse em forno preaquecido a 160 °C por 2 horas.
Retire do forno e deixe descansando por 30 minutos.
Feito isso espalhe o resto da manteiga e volte ao forno preaquecido a 220 °C por 15 minutos ou até criar uma crosta dourada e crocante.
Corte os pedaços e tempere com sal e pimenta para servir.

DICAS

1. Abrir as juntas e não amarrar o frango faz com que o frango cozinhe por igual.
2. As minibatatas são ótimas para absorver aquele sabor que fica no fundo da assadeira.
3. Descansar o frango por 30 minutos relaxa a carne e deixa-a mais macia.
4. Sempre que for cortando os pedaços, vá temperando com sal.

MOLHO DE TOMATE

Rendimento: 6 porções
Tempo de preparo: 1 hora e 30 minutos

- 2 kg de tomates maduros
- 2 colheres (sopa) de azeite
- 1 cebola picada
- 1 dente de alho picado
- 2 folhas de louro
- 1 colher (sopa) de açúcar (se necessário)
- sal, noz-moscada e pimenta-do-reino a gosto

Faça uma cruz na ponta do tomate e retire a tampa. Coloque os tomates por 15 segundos em água fervente e depois passe para uma tigela com água fria. Isso facilita a retirada da casca.
Corte os tomates ao meio e em água corrente, retire as sementes.
Pique o tomate em cubos e reserve.
Em uma panela alta, aqueça o azeite, frite a cebola e depois o alho.
Adicione as folhas de louro e os tomates picados.
Deixe cozinhar por pelo menos 1 hora, em fogo baixo, e vá adicionando água conforme necessário.
Quando formar um molho, experimente e veja se é necessário corrigir a acidez com o açúcar.
Tempere com sal, noz-moscada e pimenta-do-reino.
Sirva acompanhando uma massa.

DICAS

1. Se achar difícil retirar a pele e a semente, sugere-se usar latas de tomate pelado, que também darão um bom molho.
2. Esse molho pode ser congelado, assim você pode fazer uma grande quantidade e ir descongelando pouco a pouco.
3. Se quiser, você pode aromatizar o seu molho adicionando um pouco de manjericão ou orégano no final da receita.

QUINDIM

Rendimento: 8 porções
Tempo de Preparo: 1 hora e 10 minutos

- 1 xícara (chá) de gemas
- 1 xícara (chá) de açúcar
- 1/2 xícara (chá) de coco ralado
- 1 colher (sopa) de manteiga em temperatura ambiente
- manteiga e açúcar para untar e polvilhar

Em uma tigela, misture as gemas, o açúcar, o coco ralado e a manteiga.
Coloque em forminhas para quindim, untadas com manteiga e polvilhadas com açúcar e deixe descansar na geladeira por 15 minutos.
Cubra as forminhas com papel-alumínio e leve ao forno preaquecido a 180 ºC, em banho-maria, por aproximadamente 30 minutos.
Retire o papel-alumínio e volte ao forno por mais 10 minutos para dourar o coco.
Deixe esfriar e leve à geladeira por, pelo menos, 2 horas. Desenforme e sirva.

DICAS

1. As claras que sobrarem podem ser congeladas para utilizar em outras receitas.
2. Quando for untar, cuidado para não colocar muita manteiga pois você pode alterar o sabor.

MOLHO DE HORTELÃ

Rendimento: 4 porções
Tempo de Preparo: 15 minutos

- 1/2 limão
- 1 colher (sopa) de açúcar
- 1/2 xícara (chá) de folhas de hortelã rasgadas
- 1 pote de iogurte desnatado de consistência firme (170 g)
- 3 colheres (sopa) de azeite
- Sal e pimenta-do-reino a gosto

Retire, com um ralador, a casca do limão até a parte branca e reserve.
Em uma tigela esprema o limão, junte o açúcar, as raspas de limão, as folhas de hortelã e o iogurte.
Com a ajuda de um fouet, vá misturando lentamente o azeite em fio.
Tempere com sal e pimenta. Sirva imediatamente com salada de sua preferência.

DICAS

1. Quando for retirar as raspas do limão, evite retirar muita parte branca pois ela pode trazer um gosto muito amargo para o molho.
2. Evite cortar as folhas de hortelã com a faca. Rasgá-las com as mãos faz com que elas não oxidem.
3. Esse molho é bem refrescante, combina perfeitamente com saladas que acompanham frutas.

MOLHO MOSTARDA

Rendimento: 5 porções
Tempo de Preparo: 15 minutos

- 4 colheres (sopa) de mostarda
- 1 colher (sopa) de vinagre balsâmico
- 1 colher (sopa) de mel
- 1 colher (chá) de páprica picante
- 1/2 xícara (chá) de azeite
- Sal a gosto
- 1 colher (sopa) de gergelim torrado

Em uma tigela adicione a mostarda, o vinagre balsâmico, o mel e a páprica picante.
Com a ajuda de um fouet, vá misturando lentamente o azeite em fio.
Tempere com sal.
Sirva o molho por cima de uma salada e finalize com o gergelim.

DICAS

1. A páprica deixa um final apimentado, se não gostar é só trocar por páprica doce.
2. Esse molho é agridoce e intenso, combina perfeitamente com folhas mais amargas como rúcula e agrião.

OVO POCHÉ

Rendimento: 1 porção
Tempo de Preparo: 10 minutos

- água para cobrir
- 1 ovo fresco
- 1 prato do mesmo diâmetro da panela
- Sal e pimenta-do-reino a gosto

Coloque uma panela com a água em fogo baixo até atingir 90 °C. Lembre-se: a água não pode ferver.
Coloque um prato com o mesmo diâmetro da panela no fundo, assim o ovo não gruda.
Adicione o ovo delicadamente na panela e deixe-o cozinhar na água por 4 minutos.
Retire da panela e tempere com sal e pimenta-do-reino.

DICAS
1. O importante é a água estar bem quente, mas não ferver.
2. Se você fizer sem o prato, diretamente na panela, o ovo grudará e a gema poderá quebrar.
3. No café-da-manhã, esse ovo combina perfeitamente com torradas, bacon e maionese.

CARNE LOUCA

Rendimento: 10 porções
Tempo de Preparo: 1 hora e 30 minutos

- 800 g de lagarto
- Sal e pimenta-do-reino a gosto
- 4 colheres (sopa) de óleo
- 1 lata de cerveja tipo malzbier (395 ml)
- 2 xícaras (chá) de água
- 1 cebola picada
- 2 dentes de alho picados
- 1 pimentão vermelho cortado em tiras
- 1 pimentão verde cortado em tiras
- 1 pimenta dedo-de-moça picada
- 2 colheres (sopa) de vinagre
- 4 colheres (sopa) de salsa picada

Tempere o lagarto com sal e pimenta, esfregando junto a carne, e deixe descansando por 30 minutos.

Em uma panela de pressão, frite o lagarto em metade do óleo, adicione a cerveja e a agua. Tampe a panela e assim que pegar pressão cozinhe por 45 minutos ou até que fique macio. Desligue o fogo, deixe a pressão sair naturalmente da panela e abra a tampa. Retire a carne da panela e desfie com a ajuda de um garfo. Reserve a carne e o molho. Em uma frigideira, coloque o óleo restante e frite a cebola, o alho e os pimentões até começarem a dourar.

Em seguida, junte a carne, a pimenta dedo-de-moça, o vinagre e frite mais um pouco. Retire do fogo e adicione o molho reservado, aos poucos, apenas para manter a mistura úmida.

Finalize com salsa e acerte o sal, se precisar. Sirva com pãezinhos.

DICAS

1. Se puder, tempere o lagarto com a cerveja e, deixe-o descansando de um dia para o outro na geladeira. Isso faz com que o tempero penetre mais na carne.
2. Quando for cortar a pimenta dedo-de-moça, tome cuidado para não passar a mão no rosto.
3. Depois de pronto, guarde na geladeira para apurar seus sabores.

BOLINHO DE ARROZ

Rendimento: 1 porção
Tempo de Preparo: 10 minutos

- 3 xícaras (chá) de arroz branco cozido
- 2 ovos
- 1 colher (sopa) de manteiga
- 1/2 xícara (chá) de queijo parmesão ralado
- 3 colheres (sopa) de salsa picada
- Sal e pimenta-do-reino a gosto
- óleo para fritar

Em um processador, bata metade do arroz branco junto com o ovo e a manteiga até obter uma pasta.

Em uma tigela misture a pasta de arroz com o queijo parmesão, a salsa e o restante do arroz.

Acerte o sal e a pimenta-do-reino.

Com a ajuda de 2 colheres vá dando o formato à massa e coloque em óleo quente para fritar.

Frite até ficar dourado e coloque em papel toalha para escorrer a gordura. Sirva imediatamente.

DICAS

1. Pode bater o arroz no liquidificador, mas com o processador é mais fácil.
2. Evite usar farinha, isso faz com que o bolinho fique pesado.
3. Para saber se o óleo está quente, deixe um fósforo lá dentro e espere ele acender.

BOLO DE CENOURA

Rendimento: 12 porções
Tempo de Preparo: 1 hora e 10 minutos

Bolo
- 2 cenouras médias
- 4 ovos
- 1/2 xícara (chá) de leite
- 1/2 xícara (chá) de óleo
- 1 e 1/2 xícara (chá) de açúcar
- 2 e 1/2 xícaras (chá) de farinha de trigo
- 1 colher (sopa) de fermento

Calda
- 170 g de chocolate amargo picado
- 1 colher (sopa) de manteiga
- 3 colheres (sopa) de açúcar
- 1/2 caixa de creme de leite

Bolo
Bata no liquidificador a cenoura, os ovos e o leite até ficar homogênea. Acrescente o óleo e bata bem até ficar um creme.
Tire do liquidificador e coloque em uma batedeira. Acrescente, nesta ordem, o açúcar, a farinha, o fermento e bata bem.
Unte uma forma média com manteiga e farinha.
Despeje a massa e leve ao forno médio preaquecido por cerca de 40 minutos. Depois de pronto, desenforme e cubra com a calda.

Calda
Em uma tigela, coloque o chocolate, a manteiga e o açúcar.
Em banho-maria, mexa até obter uma mistura homogênea.
Adicione o creme de leite e misture bem.
Reserve até que o bolo fique pronto.

DICAS
1. Se quiser, faça todo o processo no liquidificador, mas você pode acabar precisando da ajuda de uma colher.
2. Para saber se o bolo está pronto, coloque um palito e veja: se sair limpo, está pronto.

BOLINHO DE CHUVA

Rendimento: 30 unidades
Tempo de Preparo: 30 minutos

- 2 xícaras (chá) de farinha de trigo
- 1/2 xícara (chá) de açúcar
- 1 colher (chá) de fermento em pó
- 1 ovo
- 1 xícara (chá) de água
- 1 pitada de sal
- Óleo para fritar
- Açúcar e canela para empanar

Em uma tigela, coloque a farinha, o açúcar, o fermento e misture.
Adicione o ovo, a água e com a ajuda de um fouet, bata até ficar uma massa lisa.
Adicione o sal e misture novamente.
Com a ajuda de uma colher, vá colocando pequenas porções em uma panela com óleo quente.
Quando ficar dourado, retire da panela e deixe escorrendo o óleo em um refratário com papel toalha.
Em seguida, passe para uma tigela alta com a mistura de açúcar e canela.
Empane, tire o excesso e sirva.

DICAS

1. Se precisar, vá adicionando água aos poucos, mas com cuidado, a massa tem que ficar lisa, mas não líquida.
2. Evite deixar o óleo muito quente, pois o miolo pode acabar ficando cru.
3. Se quiser, coloque pedacinhos de banana na massa que fica ótimo!

BOLO DE FUBÁ

Rendimento: 12 porções
Tempo de Preparo: 1 hora

- 3 ovos
- 1 xícara (chá) de leite
- 1/2 xícara (chá) de óleo
- 1 xícara (chá) de açúcar
- 1 xícara (chá) de farinha de trigo
- 1 xícara (chá) de fubá
- 1 e 1/2 colher (sopa) de fermento
- 1 colher (café) de essência de baunilha (opcional)
- Açúcar para decorar

Bata no liquidificador os ovos e o leite por 5 minutos. Acrescente o óleo e bata mais um pouco.
Junte, nesta ordem, o açúcar, a farinha, o fubá, o fermento e a baunilha.
Bata mais um pouco e, se precisar, use uma colher para ajudar.
Unte uma forma média com manteiga e açúcar.
Despeje a massa e leve ao forno médio preaquecido por cerca de 40 minutos.
Depois de pronto, desenforme e peneire açúcar por cima.

DICAS
1. A essência de baunilha é opcional, mas ajuda a diminuir o gosto de ovo.
2. Para saber se o bolo está pronto, coloque um palito e veja, se sair limpo, está pronto.
3. Caso goste, coloque uma colher (sopa) de erva doce na receita.

FEIJOADA LIGHT

Rendimento: 12 porções
Tempo de Preparo: 13 horas e 30 minutos

• 500 g de feijão preto • 250 g de carne-seca dessalgada • 250 g de costela suína defumada • 3 colheres (sopa) de óleo • 1 cebola grande picada • 5 dentes de alho picados • 100 g de bacon • 250 g de linguiça calabresa • 2 folhas de louro • sal a gosto • 1/3 de maço de cebolinha picada • 1/3 de maço de salsa picada

Deixe o feijão de molho por, pelo menos, 12 horas.

Em uma panela de pressão grande, coloque o feijão escorrido, cubra com água até quatro dedos acima do nível do feijão, tampe e cozinhe por 20 minutos após o início da pressão. O feijão não deve ficar totalmente cozido para não desmanchar depois.

Em outra panela de pressão, coloque as carnes mais duras (carne-seca e costela suína), cubra com água e cozinhe por 20 minutos após o início da pressão. Descarte a água e reserve as carnes.

Em uma panela grande, aqueça o óleo e frite a cebola e o alho. Coloque o bacon cortado em cubos pequenos e deixe dourar um pouco.

Em seguida, coloque a linguiça calabresa cortada em rodelas, a carne-seca cortada em cubos grandes e a costela defumada cortada entre os ossos. Frite por 10 minutos, mexendo de vez em quando, e misture o feijão com o caldo.

Coloque as folhas de louro e deixe apurando por 20 minutos em fogo médio-baixo para misturar bem o sabor das carnes ao feijão e engrossar o caldo.

Se estiver com um caldo muito grosso ou com pouco caldo, coloque mais um pouco de água e cozinhe por mais 5 minutos. Prove o sal e misture a cebolinha e a salsa.

DICAS

1. Para dessalgar a carne-seca, coloque-a de molho na água por cerca de 12 horas, trocando a água a cada 4 horas, ou até ficar sem ou com pouco sal.
2. Na hora de acertar o sal, tome cuidado, pois as carnes que vão na feijoada já são salgadas.
3. Caso goste, coloque uma colher (sopa) de pimenta dedo-de-moça picada e sem semente.
5. Pra ficar perfeito, sirva sua feijoada com arroz branco, couve refogada, gominhos de laranja e farofa.

POLENTA CREMOSA

Rendimento: 10 porções
Tempo de Preparo: 1 hora

- 500 g de fubá
- 1 litro de água
- 3 colheres (sopa) de manteiga
- 1 litro de caldo de galinha
- noz-moscada a gosto
- sal e pimenta-do-reino a gosto
- 500 g de queijo prato cortado em cubos

Em uma panela alta, adicione o fubá, a água e misture.
Coloque a panela no fogo médio, adicione a manteiga e vá mexendo sem parar.
Conforme a água for secando, vá adicionando o caldo de galinha.
Após cerca de 30 minutos no fogo, prove e veja se a polenta já esta cozida, se necessário, adicione mais água.
Tempere com noz-moscada, sal e pimenta-do-reino.
Na hora de servir, deixe a polenta bem quente, adicione o queijo e mexa até que ele comece a derreter.
Sirva imediatamente.

DICAS
1. Sempre misture o fubá com a água ainda fria, assim ela não cria grumos.
2. Após um tempo fora do fogo, é normal que a polenta endureça. Se isso acontecer, adicione um pouco de água, volte ao fogo e mexa até voltar a cremosidade.
3. Se quiser, troque o queijo prato por gorgonzola ou queijo coalho, mas tome cuidado com os queijos que são muito salgados na hora de acertar o sal.

QUIBE FRITO

Rendimento: 30 unidades
Tempo de Preparo: 4 horas

- 500 g de trigo para quibe
- 3 colheres (sopa) de hortelã
- 1 dente de alho
- 2 cebolas raladas
- 1 kg de patinho (moído de 2 - 3 vezes)
- 1 colher (café) de cominho em pó
- sal e pimenta-do-reino a gosto

Coloque o trigo para quibe em uma vasilha, cubra com água e deixe de molho por, pelo menos, 3 horas, mas o ideal é da noite para o dia. Descarte a água e com ajuda de uma peneira, vá apertando o trigo para retirar o excesso de líquido.
Pique as folhas de hortelã e o alho.
Junte o trigo com o alho, a hortelã, a cebola e vá misturando com as mãos.
Adicione a carne, o cominho e acerte os temperos.
Misture até obter uma massa homogênea.
Molde a massa no formato de quibes.
Frite em óleo quente, escorra em papel toalha e sirva.

DICAS

1. Peça para o seu açougueiro moer a carne na hora, assim você garante uma carne mais fresca.
2. Você também pode moer a cebola, o alho e a hortelã no processador, mas passe na peneira pra tirar a água que a cebola solta.
3. Evite colocar pedaços muito grandes de hortelã, pois na hora de fritar eles podem queimar.

COZINHA TRIVIAL • receitas práticas e fáceis do dia a dia para iniciantes

BLOODY BRASIL

Rendimento: 1 porção
Tempo de Preparo: 5 minutos

- sal e pimenta-do-reino para a crosta
- gelo a gosto
- 1 colher (chá) de suco de limão
- 1 colher (café) de molho inglês
- molho tabasco a gosto
- 1 dose de cachaça
- 200 ml de suco de tomate
- legumes para decorar

Separe dois pratos pequenos. Em um deles, coloque bastante sal, um pouco de pimenta-do-reino e misture levemente. No outro prato, coloque água.
Pegue um copo baixo, molhe a borda do copo na água e passe-a em seguida no sal para criar a crosta. Encha o copo de gelo até a borda.
Em seguida, adicione o limão, o molho inglês, o tabasco e a cachaça.
Complete com o suco de tomate, misture, adicione o legume escolhido e sirva.

DICAS
1. Para decorar, use legumes como cenoura ou salsão.
2. Se possível, use uma cachaça envelhecida em barris de madeira, isso traz um sabor especial para o drink.

DRINK DO VOVÔ

Rendimento: 1,5 litro
Tempo de Preparo: 10 minutos

- 6 limões
- 1 xícara (chá) de açúcar
- 1/2 maço de hortelã (somente as folhas)
- 1 xícara (chá) de whisky
- 1/2 xícara (chá) de gelo
- 4 latas de refrigerante de guaraná (350 ml cada)

Lave bem os limões, corte em 4 partes cada um e coloque no liquidificador com casca e tudo.
Em seguida, adicione o açúcar, as folhas de hortelã, o whisky e o gelo.
Coloque apenas 1 lata do refrigerante e bata por cerca de 3 minutos.
Passe o líquido na peneira e descarte a polpa.
Encha uma jarra com bastante gelo e coloque o suco obtido.
Complete com o refrigerante que sobrou, misture e sirva.

DICAS
1. Bater um pouco de abacaxi junto com os limões é uma ótima variação.
2. Se o drink não ficar na intensidade desejada, vá equilibrando os sabores conforme achar necessário.

ANOTAÇÕES